Les vérités intérieures

Poèmes et autolouanges

à la rencontre de soi

Juliette Anne

Les vérités intérieures

Poèmes et autolouanges

à la rencontre de soi

© 2020 Juliette Anne

Éditeur : BoD-Books on Demand
12-14 rond-point des Champs-Élysées, 75008 Paris
Impression : Books on Demand, Norderstedt, Allemagne

Illustration : Daria Mashkova

ISBN : 978-2-3222-1197-5
Dépôt légal : Juillet 2020

A ma mère, Nicole
Ma grand-mère, Jacqueline
Mon arrière-grand-mère, Henriette
Mon arrière-arrière-grand-mère, Juliette

et à toutes celles avant elles
qui m'ont transmis l'étincelle de vie.

« Cherchez en vous-même et sondez les profondeurs d'où jaillit votre vie ; c'est à sa source que vous trouverez la réponse à la question de savoir si vous devez créer ».

*Rainer Maria Rilke.
Lettres à un jeune poète.*

Bienvenue

Ce recueil comprend vingt-neuf textes poétiques écrits en l'espace de six ans dans le cadre de mon écriture personnelle journalière ou d'ateliers d'écriture. Autant de tentatives de connexion à ce que je me sentais être en vérité, dans l'instant.

Dans cette exploration, de nombreuses facettes de soi ont été rencontrées. Certaines bien connues de moi-même, d'autres qui demeurent un mystère et que je n'oserais m'approprier. Si le *je* qui s'exprime dans ces textes a bien été porté par ma plume, ce qu'il dit ne m'appartient pas toujours. Je me suis laissée traverser. Poreux, *je* est devenu porteur d'une parole qui laisse de l'espace à l'Autre, aux ancêtres, à la nature, au divin, à cette part puissante et vulnérable d'humanité que nous avons en commun.

La plupart sont écrits selon la forme de l'*autolouange*, une pratique millénaire qui invite à dire un texte en je, avec amplification et sincérité, pour – entre autres – s'inscrire en tant qu'individu au sein de la communauté et au-delà. Ecrire une autolouange, c'est un peu comme inviter l'infini dans le fini que nous sommes, et inversement. Elle invite à la transcendance. *Quelque chose* dépasse ma simple personne dans ce mode d'expression. Il devient alors possible de braver des interdits moralisateurs qui qualifient de vaniteuse l'expression d'une estime de soi retrouvée. L'autolouange est un acte libérateur.

Oser la faille, l'inutile, la puissance, la mort et la pleine vie. Ces textes disent une sorte d'essentiel qui m'habite et que j'ai l'élan de partager. Je formule le vœu qu'ils trouvent en vous résonance, dans des espaces secrets d'où pourront germer d'autres vérités. Car si certaines d'entre elles sont éphémères – et c'est tant mieux – d'autres parfois se révèlent intemporelles – et c'est précieux.

Juliette Anne
Aiguebelette-le-lac, avril 2020

Je suis la voix sacrée du fond des âges
Langage universel, émanation des profondeurs
Je scande en lettres de feu les messages
Venus me rappeler ma grandeur.

En mon sein, l'accoucheuse et l'accouchée
Espace de conscience où chaque mot est guidé
Allègement de souffrance et flot de vie
Flux verbal de poésie.

Je suis langue de l'innocence
Maternelle et paternelle à la fois
Le champ des mots pour seule patrie
J'invite à la reconnexion du cœur

Sans préavis.

1. Sur le seuil

*Vint un temps où le risque de rester à l'étroit
dans un bourgeon était plus douloureux
que le risque d'éclore.*

Anaïs Nin.

Eclipse

Je suis éclipse.
Eclipse lunaire. Lune éclipsée.
Océan d'obscurité.

Chambre d'écho sans bruit,
Mensonge à taille humaine,
Ambulante, béante, ire réelle,
Ombre de moi-même.

Etoile éteinte dans la poussière fumante du doute.
Lumière vacillante dans un recoin de ma vie

Ombre changeante, fluctuante,
Au gré des insomnies.

Je suis un reflet de miroir déformé,
Aux rebords émoussés.

Brouillard embrumé,
Terre désertée de moi-même.
Grain d'étoile perdu
Dans l'immense intolérable de la galaxie.

Encombrement de mes hésitations,
Marée de peur,
Je m'enlise dans les profondeurs
De la circonspection.

Dimanche

Dimanche pluvieux,
Je goutte comme un écho silencieux
Dans les tréfonds de mon âme.

Je dévale la gouttière
Projetée du ciel, pénétrant la terre.

Infiltration progressive de ma destinée.
Descente profonde et nonchalante,
Dans la chair. Corps-à-corps imbibé.

Je suis les bouts de moi, les bouts de soi,
Les bouts d'âme qui viennent me chercher,
Incarnation du réel réunifié.

Viens maintenant, viens m'habiter.

Je suis la force de croire un autre possible,
L'élan de pardonner.
Prendre racine quand bien même le sol est calciné.

Doucement, calmer les braises,
Souffler les cendres.
Graine improbable de vie, miracle des ressuscités.

Je suis ce dimanche pluvieux qui coule
Dans les rigoles de mon âme,

Clapotis bienfaisant des anges inspiré.
Eau nourrissante, familière, purifiante.

*Offre-moi ton visage qu'en cet instant ici,
rien ne blâme.*

Oxymore

Oxymore à l'état brut
Je suis une contradiction

L'écart entre je et Je
Entre moi et Soi
Au soleil noir de mes désirs
L'une veut rester ici
L'autre aller là-bas.

Je suis une contradiction
Un étau qui se resserre
Dans la chair de mon incarnation
Réalité plantée, vissée
Dans les muscles incorporée.

Passerelle entre les mondes
Tentative d'équilibre
Pas à pas sur le fil des paradoxes
En quête d'une voie libre
Sans équivoque.

Je suis une contradiction
Un oxymore à l'état brut
Tentative de paix intérieure
Entre la tête et le cœur
L'une dit noir, l'autre dit blanc
Je suis un mélange en dedans.

Ressac de mes hésitations,
Vague lascive
Sur la grève de ma vie,
J'écoute les cailloux polis
Faire la lessive
De mes envies
Trop polies.

Féroce

Détecteur de mensonge en mode alerte, je guette
Tel un guépard en proie à ses instincts de survie
Le plus petit signe annonciateur de danger.

Amour en cage, amour en rage, barricadée.
Bouclée à double tour par un geôlier
Prénommé Terreur.

Hurlante, vociférante,
A l'orée de la mort,
Devant la Grande Dame,
Je défie le sort.

Prise en entrée de festin
Incarcérée dans ma nature mammifère
Je porte les mamelles de mon destin
Voué à la décomposition de la chair.

Je suis le cycle de Vie-Mort-Vie,
Lente dégradation de mes cellules,
Renouvellement permanent de mes forces,
Retour à ma condition féroce.

Les mots-dits

Je suis les mots-princes, les mots-crapauds,
Les mots qui brillent et les mots-dits.

Torrent de voix, fleuve de sens,
Dans le courant des mots je charrie,
Les mots-valises, les mots-cassés,
Les mots-magiques, mots réparés.

Je suis une invitation à toutes les phrases,
A tout ce qui ne se dit pas.

A travers mon être,
Les mots jamais dits passent
Et terrassent
Les tentatives d'oublier.

Je suis les mots qui relient, les mots qui relisent,
L'ouverture entre-baillée de la porte.
Par elle se glissent les mots des autres.

Porteuse d'eau vive, porteuse de voix,
J'offre des mots à ceux qui n'en ont pas.

La vie d'elle

Je suis lavis de l'aquarelle,
La vie d'eau, la vie d'elle
Lavée des ombres et des mots
Je glisse dans les coulisses de ma conscience.

Je suis une esquisse,
Une ébauche de toile pas finie.
Trait de pinceau sur écran vierge
A l'orée de moi-même.

Tantôt concentrée, riche de pigments,
Tantôt diluée dans les eaux de mes tourments,
Couleur intemporelle
Je défie les lois du temps.

Je suis un trait.
Mouvement vif et agile
Dans l'assurance du geste juste
Je suis le maître et la grâce.

L'encre et le calame,
Le papier et le riz,
Le fil et la trame,
Le Tout et la partie.

Aquarelle des temps modernes
Papyrus des nouvelles technologies
Mariage de vieillesse et d'un futur qui fleurit.

Printemps des feuilles mortes
Et bourgeon des steppes.
Au creux de l'hiver, j'éclos.

Beauté fraîche d'une jeunesse parée,
Je suis la ride et viens rappeler
La beauté des âges.

Je suis l'âme grise, vieille et désarmée
Dans les sillons de larmes
Je creuse une vallée.

Voix des lendemains, je chante
Et renvoie sur les parois du monde
L'écho d'une promesse.

Je suis ce qui n'a encore jamais été vu
Ni même imaginé.
Préface d'une histoire pas encore inventée.

Âme du Monde qui cherche à s'enfanter.
Main tendue vers demain.

Rassemblement de bonne volonté.

L'hermine

Je suis l'hermine sauvage.
Fileuse, rieuse, je ne cesse de m'échapper.
Retrouver la maison, de mes élans spontanés,
Revenir à la maison, rentrer.

Par tous les moyens, rentrer.

Je suis l'hermine sauvage.
Je mords et dévore
Les tentatives d'enfermer.
Dans le carcan des caresses,
Jamais ne me laisse capturer.

Je me dérobe aux tentatives d'oublier.

Je suis l'hermine sauvage,
Blessée, blessante,
Mais toujours vivante.
Attrapée peut-être, bientôt détachée,
Je relève le défi d'un jour être née.

Je suis l'hermine sauvage
Et je sais d'où je viens,
D'un espace où le Beau règne en maître,
Où la Joie rayonne chaque matin.
D'une terre aux nuances irisées, au soleil tiède,
Bercé par le chant révélé de Soi.

Je suis l'hermine sauvage
Et si je ne le fais pas pour moi
Alors je le fais pour toi.

Je suis l'hermine sauvage
Aux mots de velours
Et le retour

Des grands horizons.

2. Nul autre que soi

Il faut oser faire le grand bond dans le cosmos : alors la vie devient infiniment riche, elle déborde de dons, même au fond de la détresse.

Etty Hillesum

Partir

Quitter la chaleur rassurante du corps-à-corps
Pour entreprendre le voyage de l'âme
Se délester des amarres qui retiennent au port
Et se lancer dans le terrifiant miroir de larmes.

                        L'amour est mort, vive l'amour !

Combien de fois encore
nous faudra-t-il
nous éloigner
pour mieux nous aimer ?

Fusion des âmes, fusion des cœurs
Fusion des larmes, fusion des peurs
Il y a en nous tant de grandeur

                              Si j'aime, je suis Une !

Et toi mon Soleil, regarde la Lune.

Printemps

Audace d'un possible
Innocence d'un *chiche !*
Souffle mutin d'un *pourquoi pas ?*

Je suis le chant des possibles
La grâce de la floraison
L'enthousiasme naissant du printemps.
Je sème des graines d'idées, des graines de vie.
Certaines prennent, d'autres pas.

Je *tweete* à qui veut l'entendre
que je porte en mon sein
l'essence du renouveau.

Je souffle sur les limites
Comme on souffle dans une paille
Et regarde amusée la flaque de café s'étaler

Je suis la grande souffleuse des limites.
Je les contourne, je les polis, je les adoucis.
J'embellis.

Je donne à mes intuitions le poids des vérités
Et les suis à la trace
Jusque dans les contrées lointaines
Où je récolte essoufflée le fruit de mes idées.

Chance

Je suis amour, je suis courage
Jamais je ne renoncerai.
Détermination, ultime voie de l'âge
Sur le chemin de mon âme je vogue
Cap après cap, en destinée.

Je suis auteure de vie.
Des vieux manteaux de plaintes, je me débarrasse
J'accomplis ma tâche de vie avec panache
Et dissous à l'encre d'amour les vieilles craintes.

Je suis la vastitude du coeur en mouvement
J'accueille les babillages de l'ego,
Les anciens testaments
J'embrasse les résistances,
Je m'affirme en toute splendeur
J'accueille l'humilité de ma grandeur.

Fière et digne, humble et dévouée,
Je suis l'alliance des contraires,
La réunion des opposés.
Là où le choix n'a plus de place,
Balayé par les évidences
J'avance le port droit, les idées bien en place

Je suis la voie des mots,
Je suis ma plus belle chance.

Benthine

Mon nom est Benthine, Téré Benthine.

Je me joue de la création
Et virevolte dans les méandres du réel,
Yeux grand ouverts sur ciel éternel.

Joie de tous les instants,
Rappel infini de la créativité,
Je dissous les vieilles craintes, les pensées figées
J'efface les traces gravées du passé.

Je suis Benthine, Téré Benthine.

Effluve du présent,
Force qui se renouvelle à chaque instant,
Parfums enivrants de tous les possibles.

Jeu infini de l'illusion,
Moment maman, mère de mes tentatives,
J'avance avec une curieuse légèreté,
Sur le joyeux chemin de mon âme.

Je suis Benthine, Téré Benthine.
Et je me rappelle d'en rire.

Je suis l'espace entre je et Je,
Entre moi et Moi, entre moi et eux.

Montgolfière, ballon qui pète, rouflaquette,
Elixir, grandeur éclatante, écarlate,
La faim des coquillettes.

Je suis renouvellement présent,
Fin de la grandiloquence,
Retour à la simplicité de l'enfance.

Bébé danseur

Débarquée sur terre pour y porter parole sacrée,
Dans l'innocente curiosité de l'enfance,
J'interroge.

Comète venue du ciel,
Initiatrice de vérité,
Ma présence silencieuse
Déclenche l'explosion
Des systèmes inauthentiques.

Par mes vitales exigences,
Je pousse les cœurs barricadés
Aux confins de leurs retranchements.

Je suis un cri.
Une voix qui s'élève au nom de la considération.

Lumineuse jusqu'à la brûlure,
J'éclaire les plaies du mal-amour,
Comme points de non-retour.

Crépitement d'étoiles, rythme universel
Je cadence mes découvertes
Et laisse les planètes à leur noirceur.

Je suis ici pour la musique,
Moi, bébé danseur !

Au prélude de ma vie,
Dans ma version instrumentale,
Je suis là.

Lectrice d'âme, je rembobine les cassettes
Et décrypte les tendances.
Arche d'alliance,
Dans un si petit corps, quelle puissance !

Ouvreuse de cœur, n'en déplaise à la douleur,
Par ma simple présence, je révèle les absences
Et tire les plumes des autruches endormies,
Tête plongée dans un mauvais *road movie*.

On off d'un nouvel écran salvateur,
Je décode, en *dolby stéréo*,
Les messages du cœur.

Gardienne du temple

Sabre affûté de la guérilla,
Tranchant de liberté assoiffée,
Incision délicate
Des plaies purulentes de la psyché,
Ouvreuse de chair, saigneuse de cœur,
J'enseigne l'art de tuer.

Gardienne des portes du temple,
Je hurle si l'intrus s'approche de trop près,
D'une voix si stridente
Qu'elle perce les tympans
Des âmes sourdes aux cris de la souffrance.

Je suis vengeresse affamée,
Guerrière de lumière aveuglante,
J'affronte les pensées envahissantes.

Je les coupe sous le pied, je les faucille,
Les fauche à la racine, les coupe-coupe,
Les machette puis les hache menu.

Je suis la fin des combats de la tête,
Dignité restaurée.
Adieu définitif et déterminé
A la grande barbarie des abuseurs abusés.
Je laisse partir, je regarde partir,
Hors de mon temple sacré.

Je suis un non écrit en lettres d'or et gravées.
Ici seuls les invités peuvent entrer.

Je suis la Grâce de l'incision juste,
Délicate et douce,
Je libère le pus de la honte,
Donne voix aux non-dits.
Lame de féminité retrouvée, sens aiguisés.
Grâce en action, quand je veux je dis non.

De ma pointe, je cisèle le bois
De mon œuvre de vie monumentale,
Détaille les copeaux d'une guerre passée,
Sculpte en lumière et en 3D
Une vie à mon image.

Une vie de Beauté.

Eclosion

Je suis le silence de la forêt qui pousse
Tranquille, dans le petit matin
Calme des mots déposés
Dans l'humus de mon âme

Je suis la lenteur de la vibration
Au rythme des saisons
Tapis de mousse pour moi-même.

Sol où déposer les mots-trésors
Terreau de mon activité.

Je suis douceur au rythme de la terre
Délicatement posée, empreinte laissée
Sur le tapis de mes désirs.

Je décante les mots de soi, révélés
Dans l'ombre d'une tanière, je m'offre l'éternité.

Confiance intemporelle dans la sagesse du temps,
Je suis tortue qui ralentit le mouvement
Dépôt de soi dans l'alcôve de la création
Gestation de l'instant.

Eclosion.

Liberté d'écrire

Subversive, inventive, illuminée,
Sur les murs j'écris, dans les cœurs j'écris,
Le long des crevasses j'écris,
Sur les tombes j'écris,
De ma main, de mon âme.

Je suis l'écriveuse de toujours.

Je trempe ma plume dans les larmes d'or,
Dans le ruisseau des joies
Et dans le chant des morts.

Je suis les mots-fleuves,
Les mots-cailloux, les mots-bijoux.
Les mots qui réparent et qui consolent.
Je suis les mots du vide,
De cet espace où les étoiles sont nées.

Silence qui n'en finit pas de se dire.
Parfois, je me tais.

Je suis liberté d'écrire, fière, inébranlable.

Je clame et déclame des mots qui peuvent,
Des mots qui pleuvent,
Des mots qui ont du poids.

Je suis les mots qui s'affranchissent des murs,
Le champ des mots ma seule patrie.

Puissance du Verbe sécateur,
Mes mots disent bien plus que la douleur.

Je de mots, mots qui jouent,
Je dégomme les paroles fausses,
Le verbe mou.

Femme sauvage au verbe haut,
Je suis le courage de mes idéaux.
Je suis parole, je suis chanson
Quand le verbe est communion.

De l'idéal d'amour je suis l'astre,
Et j'embrase les cœurs avec heur et dignité.

Myriade de mots-étoiles, de mots-prophètes,
Je rappelle l'incontournable du sens.

Écrivaine de toujours
Je porte à la conscience les mots d'amour.

Je dis j'aime , je dis beau, je dis laid,
Je suis chant de sirène par temps mauvais.

Je suis liberté d'écrire et toujours,
Toujours j'écrirai.

3. Onde solaire

*Nous nous posons la question
Qui suis-je, moi, pour être brillant,
radieux, talentueux et merveilleux ?
En fait, qui êtes-vous pour ne pas l'être ?*

Marianne Williamson

Sel de vie

Moi la vie je l'aime quand elle est douce et sucrée, stridente ou amère. Quand elle croque sous la dent et laisse entendre son chant de sel. Moi la vie je l'aime quand elle frappe du bout du pied, quand elle libère et qu'elle dérape, quand elle autorise à être soit tout nu, soit vêtu, soit devant, soit derrière. Mais sans arrière-pensée. Moi la vie je l'aime quand elle danse et qu'elle s'offre, quand elle me délie, me délivre, du livre pré-écrit, pré-établi, du livre qui s'effrite parce qu'il est trop pensé, calculé. Moi la vie je l'aime quand elle est chaude et moite, quand elle me colle à la peau sans que je ne sache qu'en faire. Quand elle me traverse du Nord au Sud, de l'Est à l'Ouest. Quand elle donne et me pardonne et qu'elle me déshabille pour me parer de lumière. Moi la vie je l'aime quand elle croque sous la dent, quand elle donne à voir autant de mystère qu'il y a d'évident. Quand elle jaillit, quand elle repose, mijote en mon sein pour le prochain élan. Moi la vie je l'invite dans tous les interstices, dans tous les creux, les carapaces. Qu'elle glisse et qu'elle coulisse, qu'elle dessine ses propres traces. Qu'elle me panse et me façonne, qu'elle attrape par la manche des bouts de moi pour en faire des bouts de Soi. Moi la vie je la tricote, maille à maille, vaille que vaille, je lui offre de l'espace, je lui fais de la place. Pour qu'elle entre par la fenêtre de mes rêves. Moi la vie je l'aime quand elle croustille, quand elle me donne le frisson, joie du vent, joie du temps. Je la jongle, je la goûte, chaque jour différent. Moi la vie je la traverse autant qu'elle se déverse, je la filtre, je la cuve et la bois jusqu'à la lie. Dans la sobriété du pas fini, elle m'emmène vers le commencement d'une Autre que je suis.

Basta !

Coup de pied dans la fourmilière
Je suis le *basta !* du prêt à penser
Écrivaine comme je respire
Je prêche le Beau pour avoir le Vrai

Danseuse des utopies
Du réel je ne peux me contenter.
J'échafaude des passerelles, des stratégies
De mes rêves, je bâtis réalité.

Constructrice de l'invisible,
Je vais là où le monde s'effiloche.
Je restaure la trame des liens du cœur
Je retisse le fil des mots de soi
Je dis les mots qui suturent
Et je m'émerveille du moche.

Pulsation

Explosion de couleurs dans le *dark* intersidéral
Pépite de Vie avec un grand V
Le V de victoire sur la déchéance décrépitante.

Pulsation de coeur lourd, pompe d'amour
Je bats au rythme du cosmos.

Injection de fluide vital dans le réseau des âmes
Flux de joie féconde
Gouteuse insatiable d'expériences
Oui enfantin et naïf au voyage de l'incarnation

J'attrape la vie de mes mains vides
Pleine d'une soif inextinguible de sensations.

Fille d'étoiles, semeuse de galaxies
Planteuse de racines sur la grande Bleue
Dans un enchantement de formes et de couleurs.

Multiple et bigarrée
J'assume des facettes en kaléidoscope.
Chorégraphe sur le *dance floor* de mon passé
Je danse une histoire à inventer.

Pétillement acidulé, poudre de comète
Au creux de nuits festives et paisibles à la fois
Je crépite sous les doigts du ciel.

Sensuelle amoureuse,
Spirale enivrante offerte au désir du Monde.
Maîtresse du vent, porteuse en mon sein
Du principe universel.

Femme valeur, femme réveillée
Je donne à voir en couleur, et en 3D
La singularité d'une existence.

Corps-soleil

Je suis la force d'un corps qui se donne,
L'élan de vie, le soleil qui façonne,
Une, entière, étincelante.

Je prends l'existence à bras le corps,
Je la malaxe, je la pétris, je l'enchante.

Une et singulière, je vais au-delà des limites
De l'apparence, du bien-penser, du paraître.
Je transperce les masques,
Déchire les cartes de visite.

Je m'offre nue, habillée de pudeur .
Dans la lumière des astres,
Je transpire de splendeur.

Grain de peau, grain d'âme et de beauté,
Je suis l'étincelle des mots
Qui ne veulent plus se cacher.

Je suis la force d'un pas qui se pose,
Franc, massif, déterminé.
Grâce de la métamorphose,
Rappel de ma divinité.

Je suis la force d'un corps qui se donne
Et sur le fil du doute, je marcherai.

J'en ferai une estrade, un tremplin, un pont d'or,
Plus jamais ne vacillerai.

J'avance fière et droite, les mots en bandoulière,
De mon arc, je décoche des flèches de lumière.

Je suis la femme vaillante de nouveau érigée.
Dans la force de la tourmente j'ai su garder,
De ma destinée le cap, l'horizon de mon âme.

Corps engagé dans l'incarnation de son Je,
Dans la foule je suis Une et tous à la fois.
Unité solaire, primaire, je rayonne des mots de foi.

Je pose un dire, puis un soupir,
Prends la mesure de chacun de mes pas.
Je marche sur l'abîme du doute
Et garde mon sang-froid.

Sur la Voie royale de mon Être,
J'avance droite et fière.
Je suis la flamme des mots,
Je suis la femme solaire.

Solstice

Solstice, de mon deuxième prénom
J'absorbe en mon coeur les doses de lumière
Et les diffuse jusqu'aux derniers bastions.

Je suis la dilatation du jour
Dans la plénitude de ses moyens

Je m'expanse dans une joyeuse exubérance
Et j'offre l'éclat de mes trésors au monde.

Point culminant de mon existence,
A chaque seconde,
J'impacte de mon souffle chaleureux
Les rouages du système.

Au zénith de mon exigence,
Je suis brûlure d'amour,
Lente désintégration
Des fonctionnements obsolètes.

Quiétude de fraîcheur à la nuit tombée,
Je suis le réconfort d'une vulnérabilité exposée
Cherchant l'ombre.

Havre de paix en moi-même.

Intégration accélérée de tous les possibles,
De toutes mes synapses,
Je savoure la douceur nocturne.

Et dans une régénération continue de moi-même,
Je chante l'ode à la vie de l'été,
L'ode à la Vie révélée.

Inutile

Je suis le luxe de l'inutile.

Sous les dorures de mes attributs
Je couve une idée jusqu'alors inaudible

Je suis la valeur du Rien,
Le prix du Néant.

Je n'ai d'autre utilité au monde
Que de siéger en pleine beauté
Ravissant les regards
De mon mystérieux éclat.

Promesse de vie,
Au creux de mes contours adoucis,
Je contiens le précieux
D'un possible en gestation.

Je suis le visible et l'invisible
Cachette secrète
Recelant mille trésors,
J'invite à la contemplation.

Je suis la simplicité du ventre,
Espace de pénombre accueillante.

Attention délicate
Portée à l'instant qui s'égrène,
J'attends.

Je couve l'or des vérités,
Bascule subtile entre les mondes.

Reconnaissante du vide
Qui réside en moi,
J'attends le mot
Comme on attend la pluie.

J'apprends l'humilité de la lenteur
Où rareté rime avec préciosité.

Je pèse mon poids d'or
Et dépose ma vérité
Goutte-à-goutte
Avec délectation.

Doucement,
J'apprivoise en mon antre
Le luxe du temps.

Et j'accompagne le mouvement
D'une ouverture au monde.

Corps intuitif

Révélatrice des essentiels
J'apprends à danser la vie

E n s e m b l e

Avec ou sans chorégraphie.

Revenant cent fois sur le métier,
Fidèle artisane de mon devenir,
Je forge en mon âme
L'ossature d'un édifice commun.

Abeille du Grand Tout,
sans l'Autre, je ne suis rien.

Abeille du Grand Rien,
avec l'Autre, je suis tout.

4. D'espoir

La nature et tout ce qui grandit,
La paix et tout ce qui s'épanouit,
Tout ce qui fait la beauté du monde,
Est fruit de patience,
Demande du temps,
Demande du silence,
Demande de la confiance.

Hermann Hesse

Retrouvailles

Je voudrais appliquer un baume sur nos blessures
Trouver les portes de l'oubli
Garder vivantes nos plus belles étincelles

Laisser s'éteindre les feux de la violence
Embrasser nos différences
Faire chanter nos âmes.

Je voudrais crier au monde
Le silence de nos regards.

Surmonter les assauts de l'angoisse,
Laisser jaillir la tendresse,
Te demander pardon.

Pardon d'avoir abîmé le sacré de notre espace,
De l'avoir sali de toutes ces peurs,
De tous ces doutes.

Quel est notre chemin désormais mon ami ?
Quel astre nous montre la route ?

Je voudrais marcher sur les pas du pardon,
Rendre les armes.
Avancer dans le creux des vallons,
Dans le sillon de nos larmes.

Retrouver le monde des rêves,
Aller dormir au bois.
Proclamer l'heure de la trêve,
Moi la reine et toi le roi.

Laisser briller nos soleils,
Chanter les matins.
Murmurer à l'oreille
Ces mots que l'on aime bien.

Retrouver le chemin de nos cœurs,
L'élan des retrouvailles
Et faire de ce bonheur
Bien plus qu'un feu de paille.

Inventer la paix,
Celle des âmes complices
Et s'endormir assuré
Que jamais rien ne finisse.

Moisson

Je suis la confiance de la moisson
Je sais dans mes entrailles
Le rythme des saisons
Le pas de la Terre.

Je marche au pas de la Terre
J'écoute le rythme du corps
Et j'avance dans mes envolées sublimes
Sur les chemins de mon destin.

Je suis la récolte abondante
L'engrangement de mes expériences
Le fruit juteux de mes tentatives audacieuses.
La recette réussie d'un plat encore jamais goûté.

Je suis la confiance de la moisson
Je sais dans mes entrailles
Le rythme des saisons
Le pas de la Terre.

Je marche au pas de la Terre,
J'écoute le rythme du corps
Et j'avance dans mes envolées sublimes
Sur les chemins de mon destin.

T'attendre

Aujourd'hui, je vais t'attendre.
T'attendre et me plonger dans cette attente.
Dans ce délice de te savoir bientôt là.
Mais pas encore.
Savourer la fin de cette absence,
Maturation de notre amour.

Aujourd'hui, je me fous de tout.

Oublié ce que j'ai bien pu penser,
Dire ou promettre. Je désire l'instant,
Jusque dans les plus infimes parcelles de mon être.

Sensation de ma peau s'imprégner de ton souffle.

Aujourd'hui, je vais m'imbiber de fleurs,
M'enjôler de parfums encensoir.
Me faire plus belle encore,
A t'en couper le souffle.

Je te demanderai si tu as faim, si tu as soif.
Je te donnerai de mon eau.
Aujourd'hui, je vais t'attendre
De toute ma peau.

Elle reviendra bien assez tôt
L'amazone qui s'échappe au galop.

Aujourd'hui femme lascive,
Je t'attends à cœur ouvert.
J'ai déposé mon armure au pied de ton sacre
Et je n'en ai que faire.

M'ouvrir encore, tendre la poitrine, tendre le cou.

Aimer pour une toute première fois.
Une fois encore, en avoir le goût.
T'offrir la candeur de ma virginité,
Là réside ma force, ma vulnérabilité.

Que me prendre encore lorsque j'aurai tout donné?

Aujourd'hui, je n'ai rien à perdre.
Juste à me donner.

Je vais t'attendre.
T'attendre et me plonger dans cette attente.

Sereine, tiède et mûre.
Féconde et désirante.
Je t'ai choisi. Je suis ici.
Toi qui a tant reçu, s'il-te-plaît, reçois encore.

Quand je t'aurai assez attendu, tu arriveras.

Tu poseras tes lèvres sur les miennes,
Ta main sur ma joue.
Tu sentiras le parfum des voyages,
L'ailleurs sauvage.

Tu auras ce goût de sel, ce goût d'aventure.

Alors, je m'abandonnerai à tes doigts.
Je glisserai sous le plaisir de ton corps
Pour t'offrir l'essence de mon être.

Fleur d'amour ruisselante de désir pour toi.

Et tu donneras encore et encore,
Arrosant la terre d'une semence essentielle.
J'y goûterai du bout des lèvres,
Tu boiras de mon eau.
Il n'y aura plus de haut ni de bas.

Adolescente, femme sauvage, chamane.
Toi guerrier, mutant, petit enfant.
L'instant sera dissout de cette étreinte.
Hors norme, hors espace, hors tout.
Rempli de nous.

Il nous faudra bien du courage pour revenir de ce pays d'extase.

Haletant, nous retrouverons le souffle.
Ta main sur mon ventre, reviendra le rythme.

Celui de l'après.

Silence des grandeurs
Plénitude de l'union accomplie.

Aujourd'hui, je vais t'attendre.
T'attendre et me plonger dans cette attente.
Dans ce délice de te savoir bientôt là.

Mais pas encore.

Les transitions subtiles

J'aime le jour quand il s'arrête
Et le matin quand il commence
J'aime le temps que j'ai volé
Dans les transitions subtiles.

J'aime l'emphase du printemps
La déclinaison de l'automne
Ou passé, présent, futur
Ne font plus qu'un en somme.

J'aime le jour quand il tombe
La nuit quand elle se lève
Et leur baiser d'équinoxe
Quand remonte la sève.

J'aime l'aube de la vie
Emergente au point du jour
J'aime la nuit quand elle finit
Et m'enveloppe de velours.

J'aime les trains quand ils partent
Et les avions quand ils décollent
Quand le voyage ouvre une trace
Et m'offre son envol.

J'aime les bonjour, les au revoir
Les avant et les après
J'aime les adieux quand vient le soir
Et les sourires aux nouveaux-nés.

J'aime les amours quand elles s'embrasent
Et les amours quand elles s'éteignent
Les courants d'air et toutes ces phrases
Quand elles respirent et puis reprennent.

J'aime le vent quand il s'éteint
Et les instants forts et fragiles
Ces bouts de vie, ces bouts de rien
Des transitions subtiles.

Espoir

Femme tribale de la vallée sacrée
Guerrière de lumière, les yeux bridés
A travers les volutes de mon calumet
Sans concession je contemple le monde.

Dans le sillage des enfants mutilés
Dans la rage des mères violées
Dans le désarroi des hommes blessés
Je suis la fin de l'innocence
Et les combats acharnés.

J'entends les cris de guerre
Les râles assassins
Je vois le sang qui coule
Parfois de mes mains.

Je suis là. Je suis lasse et je vois.
Ossements, charniers, ruines,
Je suis l'horreur imprimée sur ma rétine.

Femme de paix, j'invite dans le lit
de la réconciliation les abîmés.
Je chante le pardon de ma voix éraillée.
Je suis l'âme du monde,
Vieille, grise et désarmée.

J'habite la Terre de toute mon ampleur
Je la parcours comme on apprend par cœur.
Inlassablement, je transmets
La mémoire des morts et des vivants.

La roue tourne.
La roue tourne et je tourne avec elle.

Dans la ritournelle des folies humaines,
Je suis la lyre, la femme de voix.
J'inspire et j'expire ce que je vois.

Femme d'espoir, je crois.

Terra Mater

C'est une terre que l'on peut
Toucher du bout du doigt,
Frêle, puissante et déposée.

Elle campe là devant moi,
Dans le murmure d'un ruisseau qui la chatouille,
Elle me dit les phrases chuchotées.

C'est une Terre qui s'impose en majesté.

Eternelle poreuse de lumière,
Elle se laisse traverser,
C'est une terre que j'habite
Et que j'aime regarder.

Plonger mon regard
Dans la dentelle de ses crêtes,
Me lover dans la rondeur de ses monts,
Quand scintille le miroir du lac,
Eblouie je me laisse refléter.

C'est une Terre que l'on peut toucher du bout du
[doigt,
Frêle, puissante et déposée.

Dans l'intimité de son ciel, elle aime s'épancher.

D'une caresse de nuage,
D'une brume évaporée,
Elle en fait le mariage
Des dualités.

Harmonique harmonieuse
De creux et de pleins,
Je l'écoute m'accueillir
Dans son immensité.

C'est une terre
Que je touche du bout du doigt,
Où j'aime me déposer.

Silence

De plus en plus souvent, je n'ai pas de mots.
De plus en plus souvent, je contemple le silence.

De plus en plus souvent
Me vient la douceur d'une phrase qui me dit :

Rappelle-toi d'oublier,
Souviens-toi d'exister.

De plus en plus souvent, je me souviens d'en rire.
De plus en plus souvent, je voyage en destinée.

La possibilité d'une étoile

Sois honoré de ton existence
Et quand bien même tu ne le serais pas
Et quand bien même tu doutes parfois
Pense à relire en toi
Les textes anciens, les textes sacrés
Ceux que depuis la nuit des temps
Tu gardes secrets.

Un manuscrit brûle dans ton cœur
Une page nouvelle à écrire.

Un matin tu te lèves
Avec l'envie de partir.
Ne pars pas,
Lève le voile.

Car dans chaque matin il y a
La possibilité d'une étoile.

A propos de l'autrice

Juliette Anne vit au bord du Lac d'Aiguebelette en Savoie, réserve naturelle préservée entre lac, montagne et forêt. C'est là qu'elle puise l'inspiration pour écrire et concevoir ses ateliers. Elle anime des résidences d'auteurs et des ateliers de reconnexion à soi par l'écriture. Elle s'est formée à l'autolouange avec Marie Milis en 2017. Elle aborde cet art comme une manière puissante de revenir à soi, en prenant comme support d'inspiration les éléments de la nature. Elle explore également une façon de reconnecter le corps, l'émotion et l'esprit pour que l'écriture jaillisse de ce contact intime. Dans ce sens, elle co-anime avec son compagnon Christophe Grandfils des ateliers proposant une interaction continue entre écriture, musique et danse, au sein du projet Human. Enfin, les possibilités vocales et rythmiques de l'autolouange - et plus largement de la poésie - nourrissent son expression artistique et ses ateliers.

Elle est également l'autrice du Cahier d'exercices *J'écris ma vie*, paru aux éditions BOD en 2019.

Pour en savoir plus : www.julietteanne.fr
Pour partager vos commentaires et témoignages :
www.facebook.com/lesmotsdesoi/